数学是打开世界的一把钥匙。

一起成为小小数学家吧！

探索成员 1：小翼

长着一头自来卷的小翼热爱数学、喜欢钻研，是同学们公认的学霸，被大家亲切地称为"小牛顿"。

探索成员 2：茜茜

活泼可爱、勤奋好学的茜茜是"小牛顿"的同班同学，她记录了每次的数学探索项目。

探索成员 3：小鹦鹉

聪明机智，爱提问题的小鹦鹉是探索小组唯一会飞的成员，也是探索小组的观察能手！

探索成员 4：大猫

憨厚幽默，思路灵活，大猫在关键时刻常常表现出众，给探索小组带来了不少欢乐。

厉害了！我的数学

曲少云/文　李卓颖/图

中国和平出版社
China Peace Publishing House

图书在版编目（CIP）数据

自然数、整数、0 / 曲少云文；李卓颖图 . -- 北京：
中国和平出版社 , 2023.4
　（厉害了！我的数学）
　ISBN 978-7-5137-2250-6

　Ⅰ . ①自… Ⅱ . ①曲… ②李… Ⅲ . ①数学 – 儿童读
物 Ⅳ . ① O1-49

　中国版本图书馆 CIP 数据核字 (2022) 第 147909 号

厉害了！我的数学

自然数、整数、0　　曲少云/文　李卓颖/图

策　　划	代新梅	经　销	全国各地书店
责任编辑	代新梅		
美术编辑	弯　弯	开　本	880mm×1230mm　1/20
责任印务	魏国荣	印　张	2
出版发行	中国和平出版社（北京市海淀区花园路甲 13 号院 7 号楼 10 层　100088）	字　数	30 千字
	www.hpbook.com　bookhp@163.com	版　次	2023 年 4 月第 1 版　2023 年 4 月第 1 次印刷
发 行 部	（010）82093832　82093801（传真）	书　号	ISBN 978-7-5137-2250-6
出 版 人	林　云	定　价	22.00 元

今天的问题大有用处——什么是自然数？什么是整数？

只记住数本身可不行，我们还要知道它们究竟有什么用。

冰柜里气温低至-20℃，室外气温是29℃……
我这里还有一壶烧开的100℃的水，我用了整数！
存入3张100元时，显示+300元；
支取300元时，显示-300元。
这时也用整数。
查询
存款
转账
取款

自然数是描述物体个数的那些数，一个物体也没有用0表示，有几个物体就用几表示，如：0、1、2、3、4、5……

　　自然数最开始的10个数依次是0、1、2、3、4、5、6、7、8、9，以后的数都由这10个数字组成，有几位就叫它几位数。1是一位数；12是两位数；123是三位数……

用自然数的眼光去观察世界时，世界真奇妙！总有意想不到的事情发生。

鲎（hòu）

鲎的头胸甲前端有两只约 0.5 毫米的单眼，对紫外线最为敏感，用来感知亮度；头胸甲两侧还有一对复眼，可以看到物体移动。

楔齿蜥

如果你仔细观察，会看到楔齿蜥的颅顶上还有第三只"眼"！这只眼是早期脊椎动物遗留下来的特征，在楔齿蜥幼年时能感光，成年后就基本失去作用了。

大王鱿

大王鱿也叫"大王乌贼"，在人们真正了解它之前，它被称为可怕的"海中巨怪"。因为生活在深海，为了在黑暗中捕食，它的眼睛进化得就像足球大小！

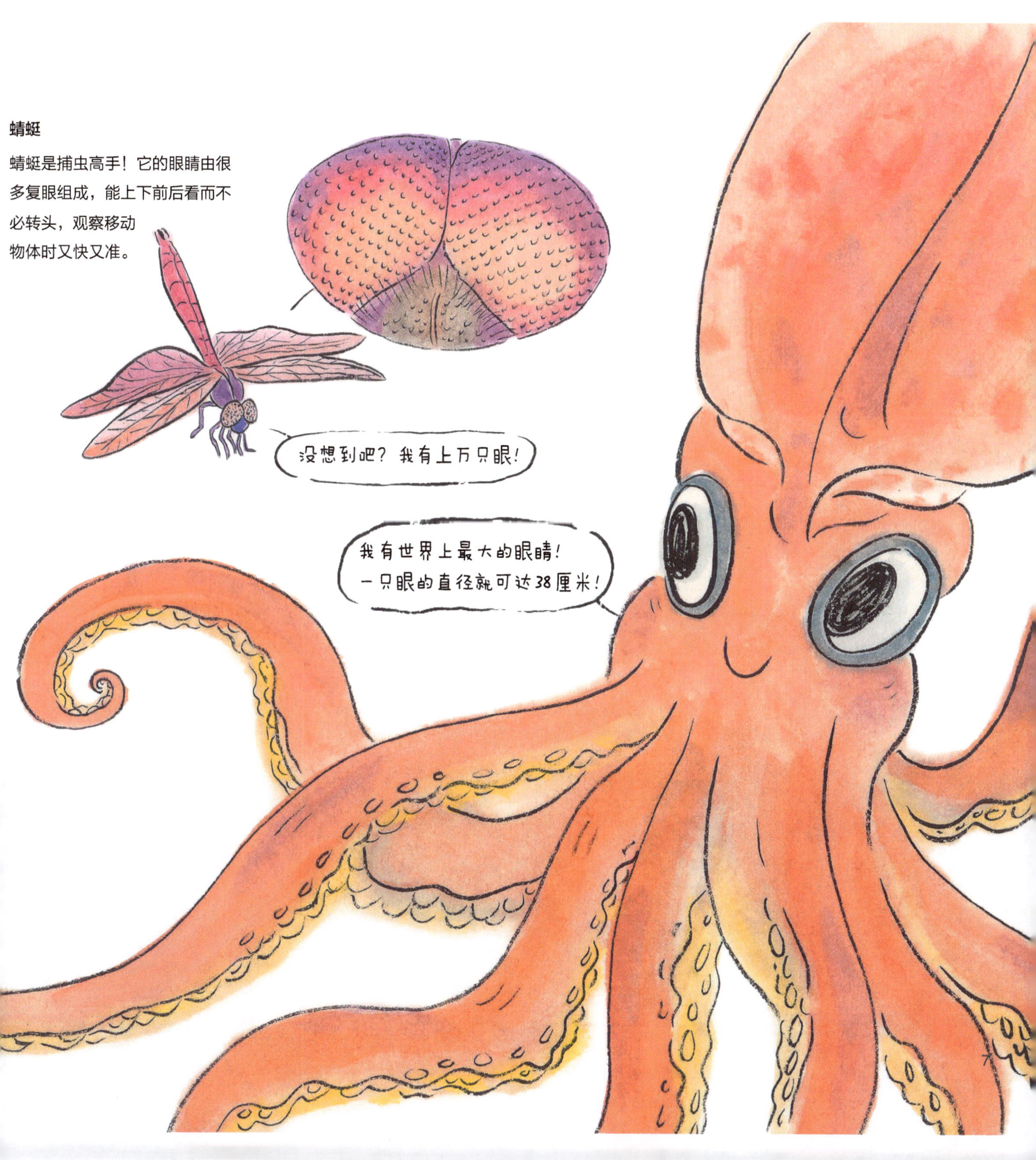

蜻蜓

蜻蜓是捕虫高手！它的眼睛由很多复眼组成，能上下前后看而不必转头，观察移动物体时又快又准。

奇妙的事物和千变万化的大自然融为一体。花瓣的数量、种子的排列和树枝的扩张都有内在的规律。

将下面花瓣的数量排成一列数，它们是3、5、8、13……你会发现：数列中，从第三个数起，每个数都是前两个相邻数的和。

3　5　8　13　21　34　55

（3+5=8）（　　　）（　　　）（　　　）（　　　）

　　了解了数的一些规律后，人们开始赋予数特定的意义，并由此想象出很多"好"的数和很多"坏"的数。不同时代、不同地区的人，对数有着自己的理解。

古巴比伦人觉得 60 和天象有关，很喜欢 60。
这个喜好被保留下来，直到今天还在时间上应用。

因为发音与"死"谐音，很多中国、日本和韩国人都不愿意让车辆、房屋带上 4。

在伊朗，人们愿意相信猫有 7 条命。

9 头鸟在中国古代被想象为一种"不祥之鸟"，

为了保护家中小孩，需要放狗轰走。

在俄罗斯，如果你想给人留下美好的印象，送她 3 朵花、3 个吻，或为她做 3 件好事就行。

现在，人们已经无时无刻都离不开自然数了。

我今天跑了 3000 米，做了 80 个仰卧起坐。

我们班一共有 32 人，今天有 3 个同学请假，实际来了 _____ 人。

我家人的手机号是 _______________，有空和我联络哦！

我有 200 元压岁钱，我可以用它买我喜欢的书。

我今天中了大奖，1 袋神奇牌洗衣粉。

你借给我 500 元，下个月我还你 505 元。

我的生日是 10 月 6 日，我在生日时收到了生日礼物。

现在已经 9 点了，我上班迟到了。

光在空气中的传播速度约是 300000000 米 / 秒，声音在空气中的传播速度约是 340 米 / 秒。闪电发生时，我会 _____ 看到光，_____ 听到雷声。

去贴纸页找到正确答案，贴在横线上吧！

整数不仅包括自然数，还包括负数，如：-7、-6、-5、-4、-3、-2、-1。

1、2、3、4、5……叫正整数，……-5、-4、-3、-2、-1 叫负整数。
在整数家族中，正整数和负整数描述两类相反的量。

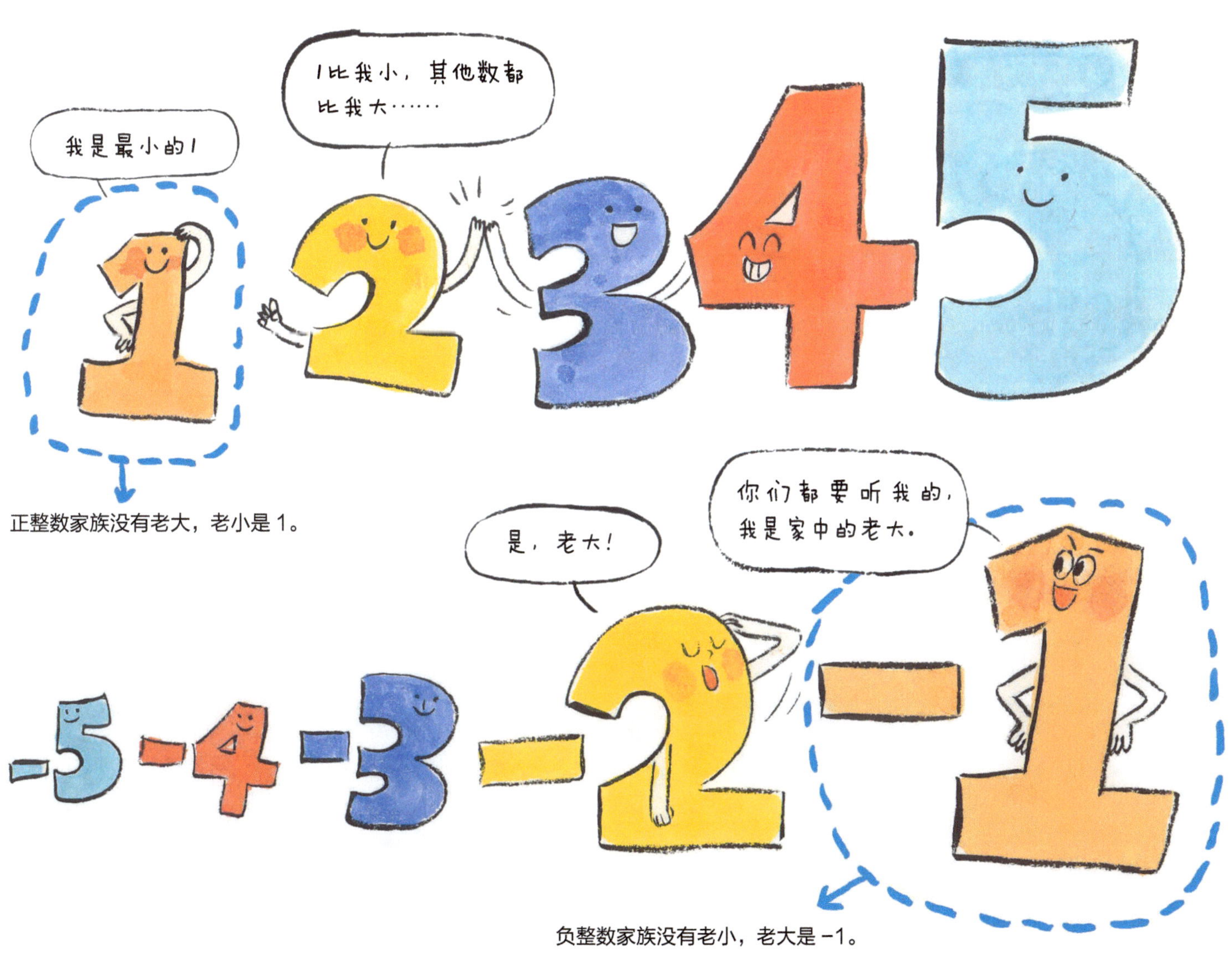

0和正整数合起来是自然数。所以，既可以说，0、正整数、负整数合在一起是整数；也可以说，自然数、负整数合在一起是整数。

请把贴纸页的数字放到对应的池塘中吧！

你可能会很惊讶，自然数中的最小数0——是最后出现的符号。它不仅是连接正整数和负整数的桥梁，最重要的是，当数逐渐增大时，0能代表空位，让我们一眼区分出数之间的不同。

用 101 块石头和 11 块石头拼搭房子

　　正整数和负整数这两类相反量，最开始并没有用于计算，它们同时出现，常常表示进行的活动是相反的。

一处地方恰好处于海平面的高度，记作 0 米；

这座大山高出海平面 508 米，记作海拔 508 米；

那个盆地低于海平面 202 米，记作海拔 -202 米。

在地球表面，海拔最高的地方是珠穆朗玛峰，海拔 +8848.86 米。

海拔最低的地方是死海，海拔 -430.5 米。

公园一天的门票收入是8000元，记作+8000元，支出水费680元、电费320元，记作−680元、−320元。

红方和蓝方知识竞赛非常激烈，
答对一题得10分，记作+10分；
答错一题扣10分，记作-10分。

看看现在的分数，谁有获胜的可能？

红方   蓝方

+10   +10
+10   -10
+10   +10
-10   -10
+10   +10
+10   +10
+10   -10
-10   +10

VS

这累积的是对和错的数量。

春天来了，气温一天天升高，结冰的湖面开始融化了。

别看我年纪小，我也要学着挣点儿零花钱。
天黑了，卖不掉的菠萝就会坏掉，不如打折出售吧！
今天是赚钱了，还是亏钱了？
一共卖了6个菠萝。
收入
成本
利润
成交时间
第1个　10元　5元　5元　17:00
第2个　8元　5元　3元　18:00
第3个　6元　5元　1元　19:00
第4个　5元　5元　0元　19:20
第5个　3元　5元　-2元　19:30
第6个　2元　5元　-3元　19:50
10元

地下一层，记作 -1 层；地下二层，记作 -2 层。

如果想从两个相反的量中得出其他结论，这时就需要计算了。

负整数参与计算时，前面的负号"–"可以直接看成减号"–"。两个符号连续出现时：比如：

加一个负整数，就是减去它相对的那个正整数；

减一个负整数，就是加上它相对的那个正整数。

现在，你可以回到前面，通过计算得到下面问题的答案。

第 18 页

小牛顿和茜茜现在

距离 ＿＿＿＿＿＿ 米。

第 24 页

工人一共上了 ＿＿＿＿＿ 层楼。

第 23 页

小贩赚了 ＿＿＿＿＿ 元。

第 19 页

大山和盆地的海拔

相差 ＿＿＿＿＿ 米。

第 22 页

两个湖面的温度相差

＿＿＿＿＿℃。

第 20 页

假设公园只有门票收入和水电支出，

公园一天能赚 ＿＿＿＿＿ 元。

第 21 页

选手们各得了 ＿＿＿＿＿、

＿＿＿＿＿ 分。

把图形和数结合起来去理解问题，能让整数之间的关系更加有趣。

1、8、27、64、125……
这些数叫立方数。
它们能组成立方体。
8
27
29

你一定养过小鱼吧？认识了这么多的自然数以后，你一定不满足养3条，或是5条、15条……

现在，想象你要养1000000条金鱼，
需要多大的鱼缸呢？

答案你一定想不到！这个鱼缸要大到能装下一条蓝鲸！

有什么好方法，能记住更大、更多的数呢？

从第一行数开始，大声念出这行数，然后盖住重复出来；依此类推，第二行、第三行……直到无法记住所有的数为止。

第一组

第二组

333
6666
12321
456678
3947493

93749384
394739573
8726513343

① 一般情况下，没有规律的一组数字，短时记忆能记住约 7 个数。如果从中发现了规律，比如：数字重复出现；数字正序与逆序结合；后面数字是前面数字加减得到的……都会让短时记忆表现出众！

② 每隔 7 天再记忆一遍相同的数组，有助于让短时记忆转换为长时记忆。

③ 出声地念诵由于调动了听力，效果比默念好。

试着在学习中用一用吧！

提示：
数字 93749384，以 4 个为一组记忆，可以把后面的 8 看成 7+1；
数字 394739573，以 4 个为一组记忆，可以把后面的 5 看成 4+1。

"**厉害了！我的数学**" 系列科普图画书

- 《数的起源》
- 《自然数、整数、0》
- 《时间的历史》
- 《口算通关法》
- 《等号和加减乘除》

- 《辨识空间方位》
- 《为什么是三角形》
- 《四边形的奥秘》
- 《正方体》
- 《分类和找规律》

作者简介

曲少云 / 文

数学科普教育专家，教育心理硕士，拥有20余年数学教龄，对中国孩子的数学学习和发展轨迹了如指掌，能够系统、科学地指导孩子进行数学学习和训练。著有系列畅销书"今晚七点半，数学妈妈的游戏课""奇妙的数学游戏书"等，累计销量超过100万册。线上课程"如何开发孩子的数学潜力""数学启蒙，父母是最好的老师"广受老师、家长赞誉。

李卓颖 / 图

绘本创作者，动画专业硕士，毕业于广州美术学院及荷兰圣优斯特艺术学院。

作品有《公主怎么挖鼻屎》《溜达鸡》《从前有个筋斗云》《两个小妖精抓住一个老和尚》。作品曾获第二届"信谊图画书奖"，第二届小凉帽国际绘本奖优秀作品奖，2016年深圳读书月"年度十大童书"。《从前有个筋斗云》入选第十三届全国美展，入选教育部推荐书目。

9 787513 722506